Seguros en bici

T0136950

Nicole Sipe

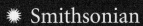 Smithsonian

Autora contribuyente

Jennifer Lawson

Asesores

Peter Liebhold
Curador
National Museum of American History

Sharon Banks
Maestra de tercer grado
Escuelas Públicas de Duncan

Créditos de publicación

Rachelle Cracchiolo, M.S.Ed., *Editora comercial*
Conni Medina, M.A.Ed., *Redactora jefa*
Diana Kenney, M.A.Ed., NBCT, *Directora de contenido*
Véronique Bos, *Directora creativa*
Robin Erickson, *Directora de arte*
Michelle Jovin, M.A., *Editora asociada*
Caroline Gasca, M.S.Ed., *Editora superior*
Mindy Duits, *Diseñadora gráfica superior*
Walter Mladina, *Investigador de fotografía*
Smithsonian Science Education Center

Créditos de imágenes: pág.4 (inferior) Pictorial Press Ltd/Alamy; pág.8 Prismatic Pictures/Bridgeman Images; pág.9 (superior) Library of Congress [LC-DIG-pga-04039]; pág.13 Look and Learn/Bridgeman Images; pág.20 (inferior, derecha) Bibiphoto/ Shutterstock; pág.21 (inferior) Andrew Syred/Science Source; todas las demás imágenes cortesía de iStock y/o Shutterstock.

Library of Congress Cataloging-in-Publication Data

Names: Sipe, Nicole, author.
Title: Seguros en bici / Nicole Sipe.
Other titles: Safe cycling. Spanish
Description: Huntington Beach : Teacher Created Materials, 2020. |
  "Smithsonian". | Audience: Grades 2-3
Identifiers: LCCN 2019047653 (print) | LCCN 2019047654 (ebook) | ISBN
  9780743926454 (paperback) | ISBN 9780743926607 (ebook)
Subjects: LCSH: Cycling--Safety measures--Juvenile literature. |
  Bicycles--Safety measures--Juvenile literature. | Sports
  sciences--Juvenile literature. | Word recognition--Juvenile literature.
Classification: LCC GV1055 .S5718 2020 (print) | LCC GV1055 (ebook) | DDC
  796.6/2--dc23
LC record available at https://lccn.loc.gov/2019047653
LC ebook record available at https://lccn.loc.gov/2019047654

Teacher Created Materials

5301 Oceanus Drive
Huntington Beach, CA 92649-1030
www.tcmpub.com
ISBN 978-0-7439-2645-4
© 2020 Teacher Created Materials, Inc.
Printed in Malaysia
Thumbprints.25941

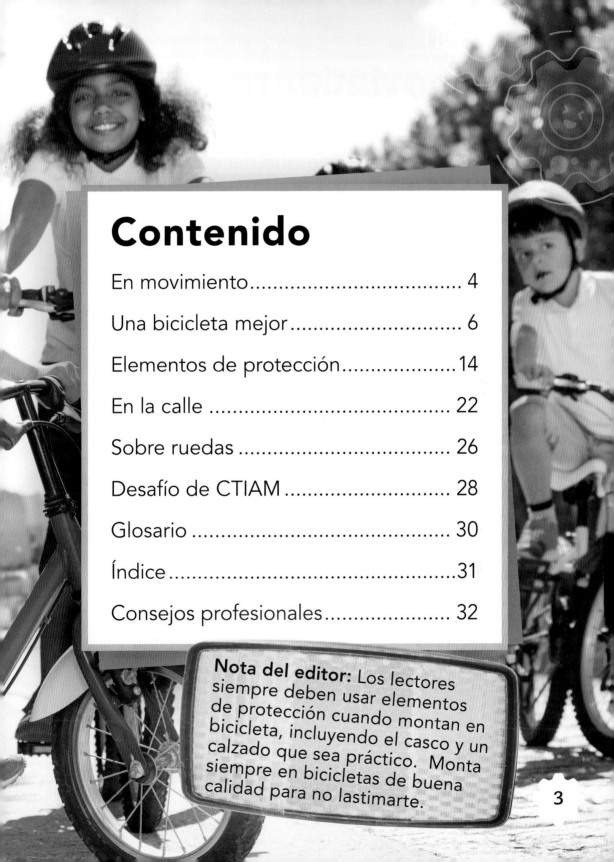

Contenido

Nota del editor: Los lectores siempre deben usar elementos de protección cuando montan en bicicleta, incluyendo el casco y un calzado que sea práctico. Monta siempre en bicicletas de buena calidad para no lastimarte.

En movimiento

Sientes el viento fresco que te despeina. Oyes el zumbido suave que hace tu bicicleta cuando pedaleas. Vas más y más rápido hasta que sientes como si volaras.

Todo eso hace que montar en bicicleta sea divertido. Pero, si tienes cuidado, es más divertido todavía. Antes, montar en bicicleta era peligroso. Las personas se lastimaban bastante. Hoy en día, los **ingenieros** trabajan mucho para que los **ciclistas** estén seguros.

Un alemán creó una de las primeras bicicletas modernas en 1817. La llamó *Laufmaschine*, o "máquina andante".

Una bicicleta mejor

A fines de la década de 1860, las bicicletas empezaron a hacerse populares. Muchos adultos las usaban. Las primeras bicicletas no se parecían a las de hoy.

Unos 10 años después, se inventó un nuevo tipo de bicicleta. La rueda de adelante era enorme y la rueda de atrás era pequeña. Esa bicicleta se llamaba biciclo. El asiento estaba muy lejos del suelo.

Un hombre monta un biciclo en 2015.

biciclo

bicicleta moderna

7

El biciclo era liviano y veloz. Pero no era seguro. No era fácil subir y bajar del biciclo. Había que trepar hasta el asiento, que estaba a más o menos 1 metro (3 pies) del suelo.

El biciclo también provocaba muchos accidentes. El ciclista se sentaba arriba de la rueda más grande, no en el centro de la bicicleta. Si frenaba de golpe, podía salir volando y caer de cabeza. ¡Eso ocurría mucho!

Un ciclista se cae de cabeza montando un biciclo.

Esta pintura de alrededor de
año 1887 muestra a varias
personas montando diferen
tipos de biciclos o triciclos.

Tecnología e ingeniería

El tamaño de las ruedas

En inglés, al biciclo también se le llamaba
penny-farthing. El apodo se debía a dos monedas
de la época. Una era el penique (*penny*) y la otra,
el antiguo cuarto de penique (*farthing*). La primera
moneda era grande y la segunda, pequeña, como
las ruedas del biciclo. La rueda grande permitía a
los ciclistas avanzar pedaleando menos. La rueda
pequeña los ayudaba a subirse al biciclo.

Con los años, se construyeron mejores bicicletas. Se descubrieron maneras de hacer bicicletas más seguras. Las bicicletas de hoy son mucho mejores que las de antes. Están hechas para que montar en bici sea fácil, divertido y seguro.

Algo que hace más seguras a las bicicletas de hoy son los **frenos**. Los frenos permiten detener la bici. Además, el asiento está más cerca del suelo. Los ciclistas pueden apoyar el pie en el suelo para no caerse cuando frenan.

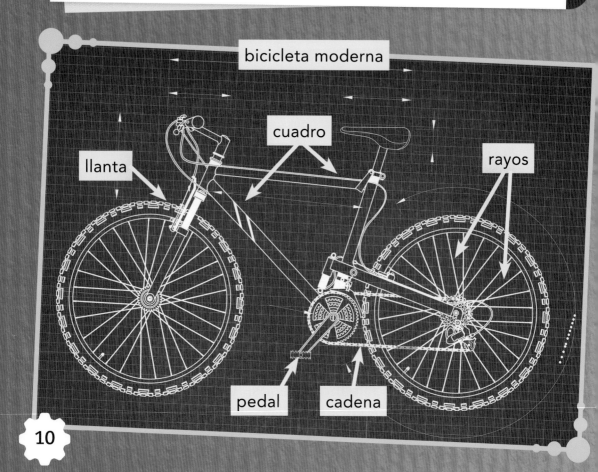

bicicleta moderna

llanta

cuadro

rayos

pedal

cadena

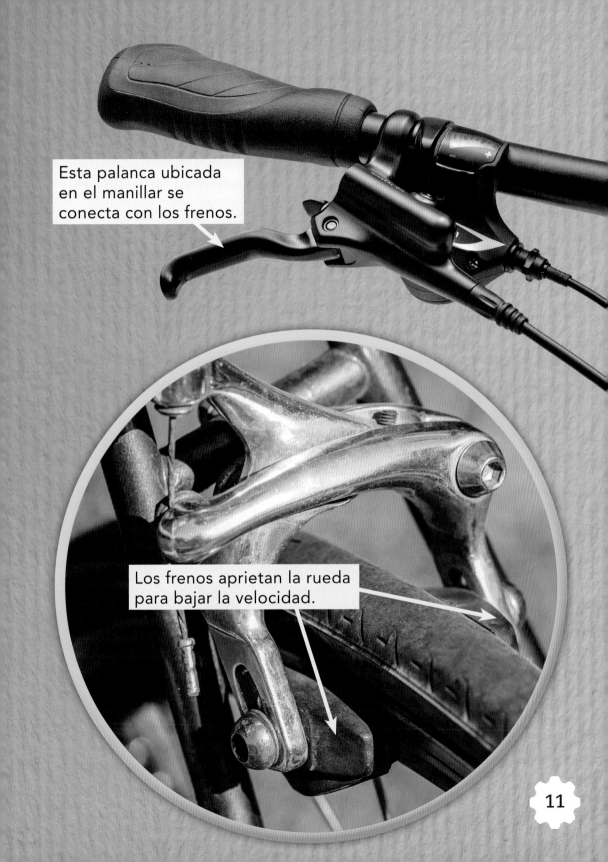

Esta palanca ubicada en el manillar se conecta con los frenos.

Los frenos aprietan la rueda para bajar la velocidad.

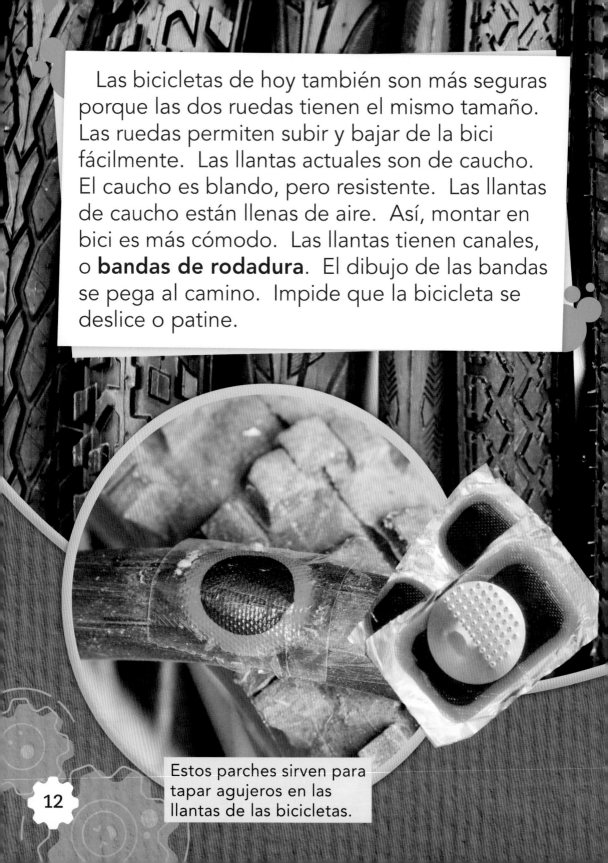

Las bicicletas de hoy también son más seguras porque las dos ruedas tienen el mismo tamaño. Las ruedas permiten subir y bajar de la bici fácilmente. Las llantas actuales son de caucho. El caucho es blando, pero resistente. Las llantas de caucho están llenas de aire. Así, montar en bici es más cómodo. Las llantas tienen canales, o **bandas de rodadura**. El dibujo de las bandas se pega al camino. Impide que la bicicleta se deslice o patine.

Estos parches sirven para tapar agujeros en las llantas de las bicicletas.

Charles Goodyear experimenta con el caucho en la década de 1840.

Una banda para cada caso

Se usan diferentes bandas de rodadura para luchar contra la **fricción**. Cuando alguien pedalea en su bicicleta, la fricción es la fuerza que intenta detenerlo. Los ciclistas escogen las bandas de rodadura según el tipo de fricción que enfrentarán.

Elementos de protección

Las bicicletas están hechas para proteger a los ciclistas. Pero, aun así, las personas pueden caerse y lastimarse. Por eso es importante usar la **indumentaria** adecuada para estar seguros.

Hay muchos **elementos de seguridad** que se pueden usar para montar en bici. El casco, las rodilleras y las coderas son tres elementos clave. Los guantes y los chalecos llamativos también son útiles. Todos estos elementos forman parte de la indumentaria de protección del ciclista.

Una ciclista revisa sus coderas.

Estos chalecos llamativos hacen que sea más fácil ver a los ciclistas.

Este ciclista usa un casco y un chaleco llamativo para estar protegido.

El casco

Para montar en bicicleta de manera segura hay que usar casco. En muchos lugares, ¡es obligatorio por ley! El casco protege la cabeza de dos maneras. La parte de adentro es de espuma blanda. La espuma es una protección suave para la cabeza del ciclista. La parte de afuera del casco es de plástico duro. Ayuda a proteger al ciclista del **impacto** de una caída. Las dos partes se combinan para proteger la cabeza del ciclista.

El casco debe apoyarse plano sobre la cabeza. El frente debe estar dos dedos por encima de las cejas. Las correas deben formar una Y alrededor de las orejas.

espuma blanda
por dentro

plástico duro
por fuera

Las coderas y rodilleras

Algunas personas usan coderas y rodilleras para montar en bici. Las rodilleras protegen las rodillas de raspones y cortes. Las coderas protegen los codos. La parte de afuera de las coderas y rodilleras es dura. Igual que el casco, **absorben** el impacto cuando los ciclistas se caen. La parte de adentro es blanda y cómoda. Muchas coderas y rodilleras están hechas de tela elástica. Ese tipo de tela permite que los ciclistas se muevan con libertad.

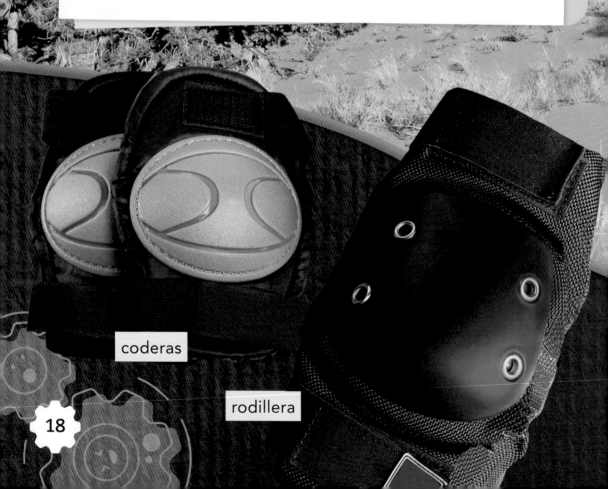

coderas

rodillera

Un ciclista usa indumentaria de seguridad mientras pedalea cuesta abajo.

Los guantes y los chalecos

Muchos ciclistas también usan guantes y chalecos como protección. Los guantes protegen las manos si la persona se cae. Los guantes de los ciclistas no son gruesos como los de nieve. Son delgados y elásticos. Esto permite tomar firmemente el manillar.

Muchos ciclistas también usan chalecos de seguridad. Los chalecos están hechos de telas **reflectantes**. La luz de los carros y del sol se refleja, o rebota, en la tela. Así es más fácil para los conductores ver a los ciclistas tanto de día como de noche.

Una ciclista usa un chaleco de seguridad mientras monta su bicicleta en Serbia.

guantes

Un ciclista usa un chaleco reflectante por la noche.

una tela reflectante bajo el microscopio

Arte

Como un espejo

El material reflectante se hace con pequeñas cuentas de vidrio. Las cuentas son tan pequeñas que se necesita un microscopio para verlas. Las fuentes de luz, como la luz solar o los faros de un carro, alumbran las cuentas. Las cuentas reflejan la luz como si fueran espejos.

En la calle

Hay muchos elementos de seguridad que protegen a los ciclistas. Sin embargo, es importante que los conductores estén atentos a los ciclistas. Por eso, algunos ingenieros diseñan las calles teniendo en cuenta las bicicletas.

Hay muchas maneras de proteger a las personas en la calle. Las ciclovías son un ejemplo. Son carriles especiales para bicicletas. Separan a las bicicletas de los demás vehículos.

Esta señal recuerda a los peatones y a los ciclistas que deben ir por el lado correcto del camino.

Esta calle tiene carriles para bicicletas y para peatones.

ciclovía

Para proteger a los ciclistas, muchas ciudades tienen límites de velocidad más bajos cerca de las ciclovías. Eso significa que los carros deben ir más despacio cuando están cerca de los ciclistas. Los límites de velocidad hacen que las calles sean más seguras.

Algunas ciudades tienen calles enteras que son solo para bicicletas. Las llaman "bulevares para bicicletas". Allí los ciclistas no necesitan preocuparse por los carros.

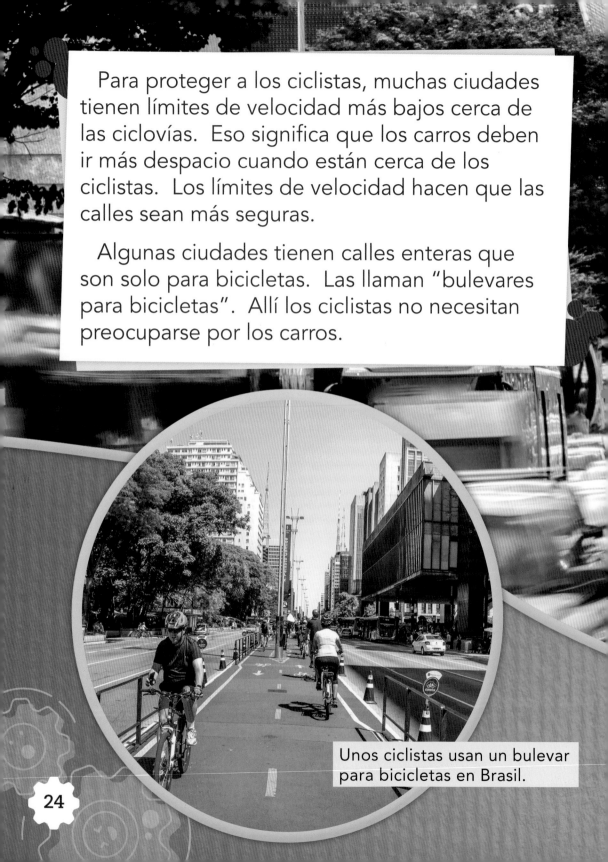

Unos ciclistas usan un bulevar para bicicletas en Brasil.

Matemáticas

Límites de velocidad

Los ingenieros usan las matemáticas para fijar los límites de velocidad. Primero tienen en cuenta la velocidad probable de los carros en una calle. También observan cuántos carriles hay. Luego piensan en quién usa la calle, como los ciclistas. Eso les permite calcular cuál es la velocidad más segura.

Esta señal recuerda a los conductores que deben compartir la calle con los ciclistas.

Sobre ruedas

No hay nada como la sensación de montar en bicicleta. ¡Es muy divertido! Por suerte, montar en bicicleta ahora es seguro. Todo gracias a los ingenieros.

Incluso hoy, los ingenieros siguen buscando maneras nuevas de hacer que montar en bicicleta sea más seguro. Así que ponte tu equipo. ¡Te invitamos a dar un paseo divertido y seguro!

DESAFÍO DE CTIAM

Define el problema

Los ciclistas necesitan estar protegidos cuando montan en bicicleta. Una empresa te ha pedido que construyas un nuevo modelo de casco para bicicletas.

 Limitaciones: Solo puedes usar cartón, cinta adhesiva de tela metálica, pegamento, flotadores tubulares para piscina, pañuelos de papel y bolsas de plástico.

 Criterios: Tu casco debe ajustarse a un melón y protegerlo cuando lo dejas caer desde una altura de 1 m (3 ft).

Investiga y piensa ideas

¿Cuáles son las diferentes partes de un casco? ¿Cómo se combinan para proteger la cabeza del ciclista?

Diseña y construye

Bosqueja tu casco. Rotula las partes. ¿Qué propósito cumple cada parte? ¿Cuáles son los materiales que mejor funcionarán? Construye el modelo.

Prueba y mejora

Coloca tu casco sobre el melón. Deja caer el melón desde una altura de 1 m (3 ft). ¿Tu casco protegió al melón? ¿Cómo puedes mejorarlo? Mejora tu diseño y vuelve a intentarlo.

Reflexiona y comparte

¿Qué otros materiales podrían proteger al melón? ¿Cómo podrías cambiar tu diseño si tuvieras que dejar caer el melón desde una altura de 3 m (10 ft)?

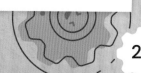

Glosario

absorben: detienen

bandas de rodadura: líneas que sobresalen de la superficie del caucho

ciclistas: personas que montan en bicicleta

elementos de seguridad: cosas que protegen a las personas

frenos: dispositivos que se usan para detener algo o hacer que vaya más lento

fricción: la fuerza que hace que un objeto empiece a ir más lento cuando toca otro objeto

impacto: la fuerza o el efecto de una cosa que golpea a otra

indumentaria: el conjunto de herramientas, accesorios o ropa

ingenieros: personas que usan la ciencia para diseñar soluciones a los problemas o necesidades

reflectantes: que hacen que la luz, el calor o el sonido rebote

Índice

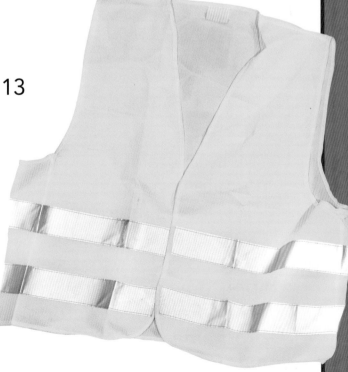

Consejos profesionales
del Smithsonian

¿**Quieres ayudar a proteger a los ciclistas?**
Estos son algunos consejos para empezar.

"Usa la bicicleta para ir a la escuela o para visitar a tus amigos. Pero recuerda que debes ser responsable. Montar en bicicleta te enseñará a cuidarte y a tomar buenas decisiones".
—*Peter Liebhold, curador*

"Mi bicicleta me permite llegar más lejos, ir más rápido y explorar más. Cuando voy en bicicleta, ¡me siento libre como un pájaro!".
—*Ken Raham, director del programa de digitalización masiva*